Desburocratização e Cidadania
para o desenvolvimento local

CB070086

Sebrae/RJ
Serviço de Apoio às Micro e Pequenas Empresas no estado do Rio de Janeiro

PRESIDENTE DO CONSELHO
DELIBERATIVO ESTADUAL
Paulo Alcantara Gomes

DIRETOR SUPERINTENDENTE
Paulo Mauricio Castelo Branco

DIRETORA DE DESENVOLVIMENTO LOCAL
E REGIONAL
Celina Vargas do Amaral Peixoto

DIRETOR DE DESENVOLVIMENTO
SETORIAL, ADMINISTRAÇÃO E FINANÇAS
Evandro Peçanha Alves

GERENTE DA ÁREA DE DESENVOLVIMENTO
LOCAL
Heliana Marinho

TÉCNICO RESPONSÁVEL
Mario Sergio Natal Ferreira

SUPERVISÃO TÉCNICA EDITORIAL
Rogério Rezende

IHB
Instituto Helio Beltrão

PRESIDENTE DO CONSELHO DE
ADMINISTRAÇÃO
Maria Beltrão

DIRETORIA EXECUTIVA
João Geraldo Piquet Carneiro — Presidente
Guilherme Duque Estrada de Moraes — Vice-presidente
Heitor Chagas de Oliveira — Diretor

Ibam
Instituto Brasileiro de Administração Municipal

SUPERINTENDENTE GERAL
Mara D. Biasi Ferrari Pinto

SUPERINTENDENTE DE ORGANIZAÇÃO E
GESTÃO
Paulo Timm

COORDENAÇÃO
Beatriz Fogaça Costa
Gleisi Heisler Neves

EQUIPE TÉCNICA
Aline Maria Monteiro Almeida
Beatriz Fogaça Costa
Gleisi Heisler Neves
Solange Bellote Pietracci

ESTAGIÁRIO
Diego Varela Lordello de Mello

EQUIPE DE PESQUISA
Aline Maria Monteiro Almeida
Eloísa Von Halle
Evanelza Mesquita Sabino
Marcos de Moraes Villela
Maria Luíza Korenchendler
Paula de Azevedo Guedes

CONSULTORES
Cláudio Nascimento Silva
Eliane Terezinha Moledo
José Rildo de Medeiros Guedes
Luiz Eduardo Ruckert Parreira

Desburocratização e Cidadania
para o desenvolvimento local

ISBN — 85-225-0481-4

Copyright © Sebrae/RJ — Serviço de Apoio às Micro e Pequenas Empresas do estado do Rio de Janeiro

Direitos desta edição reservados à
EDITORA FGV
Praia de Botafogo, 190 — 14º andar
22250-900 — Rio de Janeiro, RJ — Brasil
Tels.: 0800-21-7777 — 21-2559-5543
Fax: 21-2559-5532
e-mail: editora@fgv.br
web site: www.editora.fgv.br

Impresso no Brasil / *Printed in Brazil*

Todos os direitos reservados. A reprodução não autorizada desta publicação, no todo ou em parte, constitui violação do copyright (Lei nº 5.988).

1ª edição — 2004

Editoração eletrônica: FA Editoração Eletrônica

Revisão: Aleidis de Beltran e Fatima Caroni

Capa: aspecto:design

Foto da capa gentilmente cedida por MAKKAI Bence (<www.sxc.hu>)

Ficha catalográfica elaborada pela Biblioteca
Mario Henrique Simonsen/FGV

Desburocratização e cidadania para o desenvolvimento local / Sebrae. — Rio de Janeiro : Editora FGV, 2004.
76p.

Co-edição Sebrae.

1. Desburocratização. 2. Intervenção estatal. I. Serviço Brasileiro de Apoio às Micro e Pequenas Empresas. II. Fundação Getulio Vargas.

CDD-353.01

SUMÁRIO

APRESENTAÇÃO 9
Em que consiste e o que pretende esta publicação? 9

INTRODUÇÃO 13
Por que combater a burocracia? 13
Como se promove a descentralização administrativa em benefício do cidadão? 15
Mais papel ou menos papel? 17
Medidas para melhorar o atendimento ao público 18
Vamos mobilizar a comunidade! 20
Por que informar o futuro empreendedor sobre como proceder quando deseja criar um micro ou pequeno negócio? 20

PARTE I
O ciclo de existência das pessoas e das empresas e o papel do Estado 23

Seres humanos e empresas têm um ciclo existencial parecido? 23
Por que o Estado estabelece essas normas, regras e procedimentos? 24
O que faz com que o Estado tenha poder para intervir e disciplinar o comportamento das pessoas e empresas? 25

PARTE II
Por que a legalização é importante? 29
Direitos humanos e legalização 29
Mas o que são exatamente os direitos humanos e qual é sua relação com a cidadania? 29
Existem também deveres de cidadania? 31
O que acontece com quem não se legaliza? 34
Você sabe o que perdem os negócios cujo "nascimento" não é legalizado? 35

PARTE III
A intervenção do Estado no "nascimento" legal de micro e pequenas empresas 39
Por que o Estado intervém no ciclo existencial das empresas? 39
Por que existem dois lados de intervenção do Estado na legalização do "nascimento" das empresas? 40
Que procedimentos integram o lado mais conhecido da legalização? 42
O que integra os procedimentos nas áreas de vigilância sanitária e de meio ambiente? 46

Parte IV
A intervenção do município no processo de legalização do surgimento dos micro e pequenos negócios 51

O que é a consulta prévia? 54
O que é o Alvará de Licença de Localização e Funcionamento? 57
Como deve ser o atendimento do cidadão que quer formalizar seu negócio na prefeitura? 61

Anexo I
Atividades ou empreendimentos sujeitos ao licenciamento ambiental 63

Extração e tratamento de minerais 63
Indústria de produtos minerais não-metálicos 63
Indústria metalúrgica 64
Indústria mecânica 64
Indústria de material elétrico, eletrônico e comunicações 65
Indústria de material de transporte 65
Indústria de madeira 65
Indústria de papel e celulose 65
Indústria de borracha 66
Indústria de couros e peles 66
Indústria química 66
Indústria de produtos de matéria plástica 67
Indústria têxtil, de vestuário, calçados e artefatos de tecidos 67
Indústria de produtos alimentares e bebidas 68
Indústria de fumo 68

Indústrias diversas   69
Obras civis   69
Serviços de utilidade   69
Transporte, terminais e depósitos   70
Turismo   70
Atividades diversas   70
Atividades agropecuárias   70
Uso de recursos naturais   70

ANEXO II
Bens, produtos e serviços   73
Bens e produtos   73
Serviços   74

APRESENTAÇÃO

EM QUE CONSISTE E O QUE PRETENDE ESTA PUBLICAÇÃO?

Este texto foi elaborado no âmbito do Projeto de Desburocratização para Cidadania e Empresa, concebido e coordenado pela Diretoria de Desenvolvimento Local do Sebrae/RJ, pelo Instituto Helio Beltrão (IHB) e pela Fundação Ford. Para a execução do trabalho de pesquisa, documentação e elaboração de textos, as entidades estabeleceram parceria com o Instituto Brasileiro de Administração Municipal (Ibam).

O projeto surgiu em função dos entraves burocráticos detectados pela Área de Desenvolvimento Local do Sebrae/RJ ao implementar ações do Programa Sebrae de Desenvolvimento Local (PSDL). Tais ações eram direcionadas para o fomento de empreendimentos coletivos, cuja eficácia dependia sistematicamente da construção de relações institucionais, particularmente entre a sociedade organizada em fóruns e o poder público.

Trata-se, portanto, de uma contribuição da Área de Desenvolvimento Local para o redirecionamento das ações públicas, indispensáveis ao estímulo e à formalização de empreendimentos de pequena e microescala.

O nome do projeto diz muito sobre seu objetivo. Trata-se do combate sistemático à *burocratização*, um fenômeno que afeta a vida do cidadão comum, em particular os que não têm meios para se valer de despachantes, e gera custos excessivos para as micro e pequenas empresas tanto na hora da sua constituição quanto depois, no curso de suas atividades normais.

A burocratização ocorre nos três níveis de governo: federal, estadual e municipal. Nosso objetivo é promover a desburocratização a partir do município, pois é nele que as pessoas nascem, estudam e trabalham. Além disso, as prefeituras também são, elas próprias, vítimas da burocratização federal e estadual, sendo necessário dotá-las do instrumental necessário para defender seus interesses.

Por outro lado, há uma grande área de superposição entre os interesses do cidadão e os das micro e pequenas empresas. Por exemplo, para tornar-se oficialmente um microempresário, a pessoa tem de obter certos documentos que são inerentes à sua condição de cidadão. Portanto, quando trabalhamos para facilitar a vida do cidadão, estamos também viabilizando o surgimento de empresas, promovendo o empreendimento e o bem-estar.

Entretanto, tais conexões precisam ser observadas à luz das diretrizes e deveres de cidadania, bem como dos benefícios advindos do equilíbrio dessas relações. Estas são essenciais para promover o desenvolvimento "do local" alicerçado em políticas de estímulo ao surgimento de micro e pequenos empreendimentos.

Com o objetivo de dar conteúdo a essas possibilidades e visibilidade às questões decorrentes da burocratização, esta publicação está organizada em quatro partes fundamentais, que focalizam: o ciclo de existência das pessoas e das empresas e o papel do Estado; a relação cidadão-poder público; as conexões empresa-prefeitura; e, finalmente, à guisa de conclusão, o papel intervencionista do município no surgimento dos micro e pequenos negócios.

Em síntese, este texto visa qualificar um pouco as informações necessárias para que os empreendimentos, formalizados, contribuam para o desenvolvimento local e os empreendedores exerçam, com mais oportunidade, seus direitos e deveres de cidadania.

Além das constatações e sugestões aqui apresentadas, é preciso ressaltar a necessidade de um esforço individual de cada interessado para adquirir mais conhecimento e, assim, poder contribuir para as mudanças que julgue necessárias, no que se refere aos processos que cercam a montagem de um negócio. Afinal, o governo e sua administração pública devem atender aos direitos dos cidadãos, e estes, cumprir com seus deveres.

INTRODUÇÃO

POR QUE COMBATER A BUROCRACIA?

Há um significado técnico para o termo "burocracia", mas neste texto adotamos o conceito mais comum, ou seja, aquele que associa o termo à idéia de papelório, excesso de exigências e formalidades. A verdade é que, mal ouvem a palavra burocracia, as pessoas começam a se sentir desconfortáveis: lembram-se logo de certidões, filas, processos e montes de exigências que não parecem fazer sentido; pressentem a demora para solucionar até problemas simples; sentem-se desamparadas com a falta de informações ou, o que é pior, com informações confusas e desencontradas; antecipam a necessidade de inúmeras idas e voltas ao mesmo lugar, peregrinações pelas repartições etc. Enfim, a burocracia é sinônimo de gastos, muitos gastos em tempo, dinheiro, paciência e... sola de sapato.

Este texto foi inspirado nas idéias e na experiência do Programa Nacional de Desburocratização, em especial no período de 1979 a 1985, quando medidas de enorme importância foram adotadas, como os juizados de pequenas causas, o Estatuto da Microempresa e centenas de providências destinadas a facilitar a vida das pessoas. Essas mesmas idéias continuam vivas, agora por intermédio do Instituto Helio Beltrão.

Sem pretender esgotar o tema, vamos listar alguns dos nossos objetivos e estratégias.

- Ter presente que a desburocratização é essencial a uma administração pública democrática, na qual o cidadão mais humilde seja tratado como o efetivo destinatário do serviço público e não como "súdito" do governo. Afinal, "serviço público" quer dizer exatamente "servir ao público".
- Promover a revisão de práticas administrativas que estimulam a burocratização e que remontam aos primórdios da administração colonial. Basta lembrar a época em que para montar um negócio era preciso obter o "alvará régio".
- Reverter a cultura autoritária que sempre presidiu as relações do Estado com a sociedade. Isto significa tratar o cidadão como o "patrão" do serviço e não como subordinado do governo.
- Combater de maneira sistemática a centralização administrativa, de forma a aproximar o mais possível o funcionário que decide da pessoa que pleiteia o serviço.

- Evitar o formalismo de normas padronizadas que tendem a tratar de maneira uniforme situações distintas.
- "Aterrissar no país real", legislando em função de características, diversidades e possibilidades concretas.
- Pregar a volta do bom senso, da simplicidade e da confiança nas relações entre Estado e sociedade.

COMO SE PROMOVE A DESCENTRALIZAÇÃO ADMINISTRATIVA EM BENEFÍCIO DO CIDADÃO?

Em primeiro lugar, é fato que a *centralização* das decisões é uma tendência natural do ser humano. Se temos um chefe, por que não passar para ele o encargo de decidir? A recíproca também é verdadeira: por que delegar a outra pessoa aquilo que nós próprios podemos fazer?

É preciso, portanto, vencer a resistência cultural e psicológica à descentralização. Isto significa, num primeiro momento, fazer um esforço consciente de identificar as decisões que possam ser delegadas e, a seguir, efetivamente delegá-las.

Em segundo lugar, a autoridade tem de correr o risco da delegação, pois delegar significa confiar nas pessoas e na sua capacidade decisória. Na prática, o risco é muito pequeno e há meios seguros de se aferir a qualidade das decisões tomadas. Certamente, o maior de todos os riscos é o da centralização, pois, como dissemos, quanto mais distante do fato e da realidade econômica e social, maior a possibilidade de a autoridade errar na hora de decidir.

A descentralização administrativa é uma via de mão dupla, ou seja, quem delega e quem recebe a delegação têm de estar conscientes do que estão fazendo. Acontece que às vezes o servidor não tem vontade de tomar decisões ou porque não está preparado para tanto ou porque não se encontra suficientemente motivado.

Duas providências são, então, necessárias: uma, treinar e preparar o servidor para decidir; outra, estimulá-lo a aceitar o encargo.

A motivação implica valorizar o papel do servidor, fazendo com que ele queira receber o encargo. Para tanto, não basta apenas treinamento — sempre que viável o servidor deve ter alguma compensação financeira ou funcional para lidar diretamente com o público.

Em terceiro lugar, a descentralização deve ser tratada como "política pública" e não apenas como instrumento de gestão eficiente. Ou seja, não basta praticar alguns atos de delegação de competência, pois com freqüência a centralização é fruto de alguma lei ou regulamento. Assim, deve-se proceder a uma ampla revisão da legislação centralizadora e, ao mesmo tempo, impedir que surjam novas.

Na área fiscal e tributária é muito comum isso acontecer. Alguém sonega um tributo ou abusa de um determinado direito e, no dia seguinte, surge uma proposta centralizadora. Bem típicos são os "controles cruzados" que consistem em exigir que o usuário ou contribuinte comprove estar em dia com determinada obrigação para obter algum outro direito que lhe seja inerente.

Nessa matéria, todo o cuidado é pouco para evitar recaídas centralizadoras.

MAIS PAPEL OU MENOS PAPEL?

O *formalismo* é espelho da centralização administrativa, pois de fato nasceram juntos e da mesma origem: nossa herança colonial. O formalismo se manifesta pelo apego ao papel, à certidão, ao atestado e ao carimbo. Ele está presente na hora de fazer um registro de óbito, matricular a criança na escola ou conseguir um alvará de localização.

Alguns desses documentos chegam a ser cruéis, como o atestado de pobreza, outros apenas irrelevantes, como o atestado de residência. Mas todos implicam um custo para a pessoa que tem de apresentá-lo.

Chama-se *formalismo* justamente porque nele a forma vale mais que o conteúdo. Um exemplo emblemático é a exigência de firma reconhecida em cartório, mesmo quando a pessoa assina o documento na presença do servidor.

No entanto, o formalismo às vezes é mais sutil, como quando a autoridade faz "exigências" que não são essenciais para o processo de tomada de decisão. De outro lado, as organizações administrativas também se valem do formalismo para suprir suas próprias deficiências em matéria de fiscalização, como ocorre com os controles cruzados.

Outra manifestação clássica de formalismo é a tentativa de mudar a realidade por meio de uma lei, decreto ou portaria. Depois todo mundo reclama que as leis não são cumpridas.

Tal como no caso da descentralização administrativa, o combate ao formalismo deve ser uma "política pública" no sentido amplo do termo. Prefeitos, secretários, órgãos de direção e servidores que lidam com o público devem estar engajados nessa luta.

MEDIDAS PARA MELHORAR O ATENDIMENTO AO PÚBLICO

Atender bem o público é parte essencial de qualquer esforço de desburocratização. A seguir apresentamos algumas sugestões práticas, todas já testadas com êxito.

- Orientação ao público em cada local de atendimento, com informação visível, em linguagem simples, esclarecendo: os serviços prestados pelo órgão (evite as siglas misteriosas); os documentos exigidos (o mínimo possível), quando for o caso; o horário de atendimento; o endereço e o telefone para informações e reclamações.
- Conforto mínimo; sinalização adequada; encaminhamento orientado; boa disposição de balcões e guichês; fila sentada; sanitários e bebedouros.
- Horário acessível, sem interrupção de atendimento na hora do almoço, e com extensão além do expediente, se necessário.
- Maior utilização do correio para requerimentos, cumprimento de exigências, fornecimento de informações, pagamentos de impostos, taxas, multas, contribuições.
- Utilização de caixas receptoras de documentos para posterior processamento.
- Maior utilização do telefone para informações.
- Modificações na forma de inserção dos órgãos no catálogo telefônico, de maneira a facilitar ao público a

obtenção do endereço e telefone dos órgãos de atendimento.
- Substituição de processos convencionais por formulários-roteiro de preenchimento simples. Lembre-se de que o formulário se destina principalmente a facilitar a vida do requerente.
- Tolerância quanto à forma dos requerimentos.
- Humanização da fila, onde ela for inevitável: abrigo da chuva, atenção especial aos idosos, gestantes, portadores de deficiências e crianças.
- Designação, em cada órgão ou repartição, de um funcionário graduado, como responsável pelo bom atendimento ao público e pela solução de reclamações.
- Ampla campanha de estímulo e esclarecimento, inclusive a respeito dos processos já implantados.
- Destinação de recursos específicos para treinamento e remuneração adequada do pessoal de atendimento ao público e melhoria ou adaptação de instalações.

Uma providência que pode dar resultados fantásticos é a criação de um ou mais *"shoppings* de serviços". A idéia é que em um só local o usuário receba todos os serviços de que necessite: tirar carteira de identidade e título de eleitor, inscrever-se no INSS, registrar-se no CPF, fazer outras inscrições fiscais. Pode-se até colocar dentro do *shopping* um juizado especial para resolver pequenas causas. Como se trata de serviços federais, estaduais e municipais, vai ser necessário fazer convênio com os diversos órgãos. Dá um pouco de trabalho, mas vale a pena.

VAMOS MOBILIZAR A COMUNIDADE!

Há duas maneiras de se facilitar a vida das pessoas. Uma é o prefeito e seus assessores tomarem a si a responsabilidade de promover a desburocratização "de dentro para dentro". Ou seja, eles determinam que sejam identificados os gargalos burocráticos e mandam removê-los.

A outra maneira é a sociedade se organizar para ela própria dizer quais são os principais entraves burocráticos que afetam a vida das pessoas e das empresas. Há uma série de organizações formais e informais que podem fazer esse trabalho: escolas, igrejas, associações de pais e mestres, clubes esportivos, entidades de classe, sindicatos, associações de bairros etc.

Quando esses dois lados se põem de acordo, os resultados podem ser obtidos com grande rapidez e eficiência. Do ponto de vista político, reforça-se o poder dos administradores públicos e o município fica em melhores condições de levar seus pleitos às autoridades federais e estaduais. Com serviços mais eficientes, diminuem os gastos administrativos, o que pode significar até a redução de impostos. Porém, o mais importante é a melhoria da qualidade de vida e a expansão da atividade econômica.

POR QUE INFORMAR O FUTURO EMPREENDEDOR SOBRE COMO PROCEDER QUANDO DESEJA CRIAR UM MICRO OU PEQUENO NEGÓCIO?

Sempre que se deseja começar qualquer coisa nova, enveredar por novos caminhos, é necessário cercar-se de todo tipo de cuidado, de informações e conhecimentos, para evitar, ao máximo, imprevistos e erros.

O conhecimento e a informação, no mundo atual, são aspectos que podem diferenciar vencedores de perdedores, em uma época em que a competição é cada vez maior.

A falta de informação e de conhecimento prévio sobre as obrigações e implicações do "nascimento" de um novo negócio, em especial das micro e pequenas empresas, é, comprovadamente, uma das principais causas de:

- aborrecimentos, custos desnecessários e até prejuízos financeiros para os empresários novatos;
- um enorme número de empreendimentos de pequeno porte que desaparecem em curto espaço de tempo, freqüentemente levando com eles não só as economias de uma vida inteira, mas também sonhos, esperanças e muito esforço e trabalho.

> Em 2000, as pequenas empresas com até quatro funcionários correspondiam a 93% do total de 457.990 que fecharam as portas no país. Esse segmento representava, então, 82,1% do total. Isso mostra que essas empresas são maioria no Brasil devido ao alto grau de aberturas de novos empreendimentos, *mas morrem rápido.*
>
> (*Jornal do Brasil,* 27 ago. 2002, citando estudo do Instituto Brasileiro de Geografia e Estatística — IBGE —, grifo nosso)

A população já aprendeu que, para decidir sobre as ações do seu cotidiano — até as mais rotineiras, como fazer as compras de supermercado —, é preciso pesquisar e se informar primeiro. Por que, então, não costuma estudar, obter o máximo de informações e conhecimentos e se preparar antes de montar um negócio, já que é uma medida tão importante e decisiva em sua vida?

PARTE I

O CICLO DE EXISTÊNCIA DAS PESSOAS E DAS EMPRESAS E O PAPEL DO ESTADO

SERES HUMANOS E EMPRESAS TÊM UM CICLO EXISTENCIAL PARECIDO?

Tal como os seres humanos, as empresas de qualquer porte possuem um ciclo de existência: nascem, vivem e morrem.

Em seu ciclo existencial, tanto os seres humanos quanto as empresas tomam diversas *decisões*, realizam uma quantidade enorme de *ações* e estabelecem muitas e variadas *relações* e *transações*.

Esse conjunto de decisões, ações, relações e transações é pautado, principalmente, por normas, regras e procedimentos estabelecidos pelo Estado.

Nesse seu papel, o Estado pode facilitar ou dificultar o ciclo existencial de seres humanos e empresas. No caso presente, pelos motivos já apontados, o Estado tem gerado muita burocracia, o que dificulta esse ciclo. No entanto, não precisa nem deve ser assim.

Depende fundamentalmente de a população se posicionar para que não seja assim e os administradores públicos se darem conta de que também é melhor para eles que o povo esteja satisfeito com os seus serviços. É sempre bom relembrar que *os governos são julgados diariamente nas filas e nos guichês das repartições.*

Por que o Estado estabelece essas normas, regras e procedimentos?

Desde os primeiros grupos humanos que decidiram viver juntos, iniciou-se um longo aprendizado de convivência coletiva. Uma das primeiras lições aprendidas foi que eram necessárias algumas regras para disciplinar essa convivência, bem como alguém para elaborá-las e controlar o seu cumprimento.

Já pensou se cada pessoa desenvolvesse seu ciclo de existência de acordo apenas com os próprios interesses, humores e vontades, sem regras, condições, limites ou controles?

A evolução desse aprendizado social resultou na criação do Estado e na sua atribuição de, *em nome da sociedade*, funcionar como uma espécie de guardião do bem comum e do interesse público, disciplinando a vida em comunidade e estabelecendo condições e limites para os comportamentos individual e coletivo.

Para alcançar tais objetivos é que o Estado fixa procedimentos, normas e regras impessoais, gerais, compulsórias (denominadas leis, em seu sentido amplo), que irão pautar o comportamento dos seres humanos e empresas durante seu ciclo existencial.

De início, o conjunto dessas regras era pequeno, como pequenas eram as sociedades e a estrutura administrativa do Estado. À medida que o mundo se desenvolveu e se tornou complexo, assim como a sociedade e o Estado, multiplicaram-se essas normas, regras e procedimentos.

Para assegurar que essas leis sejam realmente respeitadas, o Estado é o único a deter a prerrogativa de exercer a coerção, usar a força e punir os infratores dessas normas. Também todo esse aparato de coerção tem aumentado, ao longo da história.

Só que, em uma sociedade contemporânea democrática, o Estado tem de agir:

- sempre em nome dessa sociedade, a seu serviço e sob seu controle;
- dentro dos estritos limites da legitimidade e da legalidade.

O QUE FAZ COM QUE O ESTADO TENHA PODER PARA INTERVIR E DISCIPLINAR O COMPORTAMENTO DAS PESSOAS E EMPRESAS?

Os especialistas respondem que são dois os princípios que conferem ao Estado tal poder, dentro de sua jurisdição:
- o primeiro é o domínio que exerce sobre as pessoas e os bens situados em seu território;
- o segundo baseia-se na predominância do interesse coletivo sobre o individual.

O poder do Estado se manifesta, na prática, por meio do exercício de várias faculdades pela sua administração pública, entre as quais destacamos duas que têm maior ligação com o tema desta publicação:

- o exercício de poder de polícia, configurado na faculdade de disciplinar, condicionar ou restringir o uso e gozo de bens, atividades e direitos individuais — incluindo a prática de atos e a abstenção de fatos — em benefício do bem-estar da coletividade e do interesse público; é em virtude dessa faculdade que o Estado regula e permite, de acordo com o disposto em lei, o ciclo existencial das empresas, ou seja, sua constituição, localização, funcionamento e baixa, e disciplina e normatiza como se deve proceder em cada etapa desse ciclo;
- o exercício do poder/dever de impor à sociedade os tributos, dentro das condições estabelecidas pela Constituição, com o intuito de conferir à administração pública a capacidade financeira necessária para prover serviços, obras, bens e equipamentos públicos.

> Tributos são contribuições pecuniárias obrigatórias, criadas em lei, de acordo com a Constituição Federal. São espécies de tributos: os impostos, as taxas e as contribuições de melhoria.

No Brasil, o Estado nacional, organizado sob a forma de federação, divide o seu poder entre a União (representada pelo governo federal), os estados (representados pelos governos estaduais) e os municípios (representados pelos governos municipais). Portanto, todos esses níveis podem exercer as duas faculdades antes descritas, baseados em uma divisão de papéis fixada na Constituição do país.

Só que essa divisão não é clara. Assim, existem áreas e assuntos em que todos legislam e atuam, e nem sempre articulados e integrados. A legalização do "nascimento" de empresas é uma delas. Isso, evidentemente, é um fator favorável à burocracia.

PARTE II

POR QUE A LEGALIZAÇÃO É IMPORTANTE?

DIREITOS HUMANOS E LEGALIZAÇÃO

Do ponto de vista teórico, as pessoas, pelo simples fato de nascerem e de existirem, deveriam ter acesso a todos os direitos humanos. Infelizmente, na prática não é isso que ocorre, como será visto a seguir — *a legalização funciona, portanto, como uma espécie de "passaporte" para o acesso a muitos desses direitos.*

MAS O QUE SÃO EXATAMENTE OS DIREITOS HUMANOS E QUAL É SUA RELAÇÃO COM A CIDADANIA?

Para que se possa explicar e entender melhor, geralmente se faz uma divisão *didática* desses direitos nos seguintes grupos:
- os direitos civis — direitos à liberdade individual; de credo ou religião; de expressão do pensamento; de "ir e vir"; de se reunir etc.;

- os direitos políticos — direito de participar, geralmente indiretamente, através de eleições, da escolha dos respectivos governantes ou, de modo menos freqüente, de forma direta, das decisões que afetam os destinos da sociedade a que se pertence;
- os direitos sociais — direitos à educação, à saúde e ao bem-estar;
- os direitos econômicos — direitos à propriedade, ao trabalho, à produção e à renda;
- os direitos culturais — direito ao patrimônio e às tradições culturais.

Os direitos civis e políticos são conquistas mais antigas da humanidade. Assim, não só dispõem de instrumentos jurídicos mais aperfeiçoados para garanti-los, como são mais reconhecidos, defendidos e disseminados mundialmente.

Já os direitos sociais, econômicos e culturais — ligados à idéia de permitir a todos o acesso aos benefícios do desenvolvimento — são, historicamente, de bem mais recente reconhecimento teórico. E, em termos práticos, ainda estão em estágio incipiente em quase todo o mundo.

Por isso, não possuem ainda o mesmo tipo de aceitação, nem instrumentos jurídicos tão aperfeiçoados para garanti-los, nem o mesmo grau de proteção e defesa mundiais. Daí serem os de acesso menos generalizado, dependendo muito dos regimes e das políticas de governo.

Como todos nós sabemos, infelizmente, o Brasil não tem conseguido garantir o acesso de toda a sua população aos benefícios do desenvolvimento. Por conseguinte, os direitos sociais, econômicos e culturais ainda não chegaram a grande parte da população.

Apesar de, para fins didáticos ou de análise, esses direitos costumarem ser divididos, na realidade eles formam um conjunto cujas partes não podem ser separadas sem prejudicar o todo. A falta de um direito acaba afetando o gozo pleno de outro. De que adianta, por exemplo, a liberdade de se expressar se, por falta de instrução, não se sabe o que dizer? Ou o direito de votar se, por necessidade e falta de consciência, se vende o voto?

Assim, os que não usufruem desse conjunto integral de direitos não podem ser considerados cidadãos plenos. Fala-se, inclusive, que o Brasil é um país de cidadania mutilada ou de subcidadania. E, muitas vezes, os privados desse conjunto de direitos são chamados excluídos ou marginalizados da sociedade.

Existem também deveres de cidadania?

Trata-se de uma simples questão de bom senso saber que, para existirem direitos, é preciso que existam também deveres, responsabilidades e obrigações. Não é à toa que se costuma dizer que a liberdade e o direito de um terminam onde começam a liberdade e o direito do(s) outro(s).

Apesar disso, os direitos de cidadania costumam ser mais conhecidos e aceitos do que os deveres.

Entretanto, na vida em sociedade, se você quer que respeitem seus direitos, tem o dever de:

- respeitar o direito dos outros;
- aceitar que o interesse público predomina, como vimos, sobre o individual.

Pelo menos parte da população brasileira está começando a aprender a reivindicar seus direitos de cidadania junto ao Estado, mas reclama dos deveres que tem de cumprir, *como se ambos não fossem as duas faces da mesma moeda.*
Só que no Brasil essa parcela é cada vez maior, como comprovam fatos que todos conhecem:
- as pessoas desejam, por exemplo, serviços públicos de qualidade, mas se queixam de pagar impostos, como se o dinheiro para custear esses serviços "caísse do céu";
- ficam indignadas quando há inundações, queda de barreiras, destruição de casas e prejuízos para as vidas humanas, mas ocupam áreas de risco, desmatam e jogam lixo em encostas e rios;
- revoltam-se com as mortes pela dengue, mas continuam a deixar garrafas, pneus e vasos de plantas cheios de água parada;
- os pedestres reclamam dos motoristas que desrespeitam as regras de trânsito e, eles mesmos, costumam atravessar perigosas rodovias a poucos metros de uma passarela, ou vias urbanas sempre fora do sinal.

E isso não acontece apenas no comportamento pessoal dos indivíduos, mas também no campo dos negócios. Os empresários legalizados e localizados, por exemplo, reclamam dos camelôs que lhes fazem concorrência desleal, não pagam impostos e ocupam as calçadas, não deixando que os transeuntes circulem direito, vejam suas vitrines e possam entrar nas lojas, mas eles próprios, muitas vezes, atravancam essas calçadas com mesas e cadeiras ou bancas de mercadorias.

Já os camelôs reclamam o direito de trabalhar para ganhar a vida, mas resistem às tentativas do poder público para legalizá-los, regulamentando seu funcionamento, mesmo que isso não implique pagamento de impostos, mas simples registros, padronização de barracas e localização adequada.

É por isso que, cada vez mais, se fala em educação para a cidadania:

> Uma fértil geração de educadores de todo o país está desenvolvendo e aprimorando, especialmente nos últimos dez anos, programas para introduzir o conceito de cidadania nas matérias curriculares como português, geografia e até ciências.
>
> É um esforço contra a corrente. Os brasileiros são educados na subcidadania, sem direitos e sentindo-se sem deveres. Na raiz dessa indigência, que explica, em larga medida, nossa crônica crise social, está a impunidade, baseada na idéia de que há indivíduos com menos direitos, amparados pela omissão judicial e pelo desleixo policial.
>
> (Gilberto Dimenstein, *Folha de S. Paulo*, 10 mar. 2002.)

O QUE ACONTECE COM QUEM NÃO SE LEGALIZA?

Como dissemos, o ciclo existencial de seres humanos e empresas deve ser pautado por normas legais estabelecidas pelo Estado. Mas nem sempre é isso que ocorre.

Às vezes, desde o "nascimento" de seres humanos e negócios, esse ciclo existencial se processa ao largo do Estado e de todas as normas legais que disciplinam a vida em sociedade. Assim, cidadãos e negociantes acabam sem o que denominamos "passaporte" para o conjunto global dos direitos humanos, tornando-se, em algum grau, subcidadãos.

Todos, em geral, conhecem bem as dificuldades cotidianas das pessoas que não tiveram sequer seu nascimento legalizado.

A existência dessas pessoas não é oficialmente reconhecida; por isso, elas não têm acesso a alguns direitos a que qualquer cidadão legalizado faz jus, como conseguir uma vaga numa escola pública, receber atendimento pela saúde pública em postos de saúde e hospitais do Sistema Único de Saúde (SUS), obter benefícios de programas governamentais de assistência social (como Bolsa-Escola, Cesta Básica e Cheque-Cidadão) e conseguir uma certidão de óbito para ser enterrado dignamente.

Entretanto, queremos chamar a atenção para um aspecto nem sempre tão percebido: o "nascimento" não-legalizado de um indivíduo ou negócio pode dar origem a um ciclo vicioso de sucessivas ilegalidades. Por exemplo, uma pessoa sem registro de nascimento não pode ter emprego com carteira assinada. Logo, terá de ser um subempregado e ficará sem as garantias e direitos trabalhistas e previdenciários.

O perigo é que indivíduos privados de direitos de cidadania acabem encarando com desprezo os deveres de cidadania. Pessoas marginalizadas podem apelar para atividades ilícitas, ferindo os direitos dos outros e o interesse e bem-estar da coletividade.

Negócios não-legalizados, por sua vez, freqüentemente começam a operar com mercadorias contrabandeadas, roubadas ou falsificadas (por exemplo, CDs e produtos de marcas famosas pirateados) — que oferecem risco à saúde e à segurança pública —, pois têm dificuldade em estabelecer transações comerciais com quem é legalizado e sujeito a exigências e controles do Estado.

Você sabe o que perdem os negócios cujo "nascimento" não é legalizado?

Por um lado, são vítimas fáceis de abusos de agentes do Estado corrompidos ou com desvios de conduta (fiscais, policiais, funcionários em geral). Por outro, por não estarem desenvolvendo seu negócio sob o manto protetor da legalidade e do Estado, tornam-se mais frágeis que os demais diante da ação de grupos criminosos, que também agem na clandestinidade e na marginalidade. Com isso, tendem a estar mais sujeitos a achaques, violências, abusos, extorsões etc.

Além disso, não gozam dos benefícios da legalização. A Junta Comercial do Estado do Rio de Janeiro

(Jucerja) lista 10 razões para a legalização. Inspirados nessa lista e nos resultados da pesquisa realizada pelo Sebrae-RJ/IHB/Ibam com as entidades e profissionais que apóiam e assessoram os micro e pequenos empresários em cinco municípios (Angra dos Reis, Macaé, Nova Friburgo, Nova Iguaçu e Resende), chegamos às seguintes razões fundamentais:

- preservar a legalidade dos negócios e atos mercantis praticados, obtendo um clima de maior segurança e tranqüilidade e liberando os responsáveis para aprimorar a qualidade de sua gestão empresarial e de seus produtos e para conquistar novos mercados e clientelas;
- participar de programas governamentais que apóiam os micro e pequenos empresários, ajudando-os a aprimorar seu negócio e sua gestão empresarial — esses programas são muitos, variados e costumam ser oferecidos por órgãos e entidades das esferas públicas municipal, estadual e federal e também por entidades do Sistema S (Sebrae, Senai, Senac, Sesc, Sesi), ONGs e universidades; podem ser de estudos e pesquisas, de difusão de informação, de orientação, treinamento e capacitação, de assistência e consultoria técnica, e de prestação de outros serviços de apoio mais concretos, como organização de feiras e exposições e articulação entre os vários elos de uma mesma cadeia de produção, transporte e comercialização de mercadorias;
- levantar empréstimos e financiamentos em instituições financeiras — até algumas entidades de micro-

crédito, sem fins lucrativos e criadas especialmente para fornecer linhas de crédito para aqueles que não têm acesso a instituições financeiras convencionais, às vezes exigem que o negócio seja legalizado ou, então, acabam impondo uma série enorme de garantias, como compensação do risco, para emprestar quantias muito pequenas a informais;
- participar de compra e venda de bens e serviços através de licitações/concorrências públicas; aliás, vender e comprar de órgãos públicos é prerrogativa dos empresários legalizados, e o setor público, geralmente, constitui um dos maiores mercados para a compra de bens e serviços produzidos pelas empresas privadas;
- ter legalmente o direito de comprar e vender dentro e fora do município ou do estado, inclusive o de emitir notas fiscais, documentos indispensáveis para que se possa fazer qualquer negócio de maior porte; assim, para ampliar o negócio, não se pode fugir da legalização;
- poder assegurar os benefícios de empregos com os direitos trabalhistas e previdenciários para os seus colaboradores;
- evitar penalidades administrativas e problemas judiciais pelo descumprimento das legislações fiscal, trabalhista e previdenciária e, também, urbanística, de edificações, sanitária e ambiental;
- usufruir dos benefícios fiscais e previdenciários e do tratamento simplificado, especial para micro e pequenas empresas, que já foram aprovados em legis-

lação pelo governo federal — destacam-se a Lei do Simples (Lei nº 9.317/96 e respectivas alterações introduzidas pela Lei nº 9.732/98) e a Lei nº 9.841/99, que institui o Estatuto Federal da Microempresa e da Empresa de Pequeno Porte;
- usufruir dos benefícios fiscais e do tratamento simplificado para micro e pequenas empresas, que já foram aprovados por muitos governos estaduais e um número crescente de governos municipais, através de legislação própria;
- ter acesso à infra-estrutura de serviços públicos, como abastecimento de água, esgotos, energia elétrica e telefone, fundamentais para os negócios;
- usar os livros societários, fiscais e de registro como provas em juízo;
- associar-se a entidades de classe, que defendem os interesses de seu tipo e ramo de negócios e o apóiam.

PARTE III

A INTERVENÇÃO DO ESTADO NO "NASCIMENTO" LEGAL DE MICRO E PEQUENAS EMPRESAS

POR QUE O ESTADO INTERVÉM NO CICLO EXISTENCIAL DAS EMPRESAS?

A intervenção do Estado no ciclo existencial de uma empresa se processa nos três níveis de governo e se apóia em seu poder de polícia administrativa e seu poder tributário, objetivando:

- a defesa do interesse público e do bem-estar social;
- a necessidade de o Estado auferir receitas para sustentar a atuação de sua máquina administrativa, fazer obras e prestar serviços públicos; aliás, tal atuação deve se balizar por ambos os objetivos mencionados no item anterior.

POR QUE EXISTEM DOIS LADOS DE INTERVENÇÃO DO ESTADO NA LEGALIZAÇÃO DO "NASCIMENTO" DAS EMPRESAS?

O processo de intervenção do Estado no "nascimento" legal de uma empresa tem um lado mais claro e conhecido. É composto de um conjunto mais antigo de procedimentos e práticas da administração pública, a cargo de órgãos e entidades com áreas de atuação mais tradicionais.

Esse conjunto foi sendo incorporado ao longo do tempo — mesmo que nem sempre perfeitamente — pelo poder público em geral e pelas entidades e profissionais de apoio e assessoramento aos interessados em empreender negócios, como despachantes, contadores e advogados.

Entretanto, existe outro lado da intervenção do Estado no "nascimento" legal das empresas. Envolve questões novas para a proteção e defesa do interesse público e do bem-estar da coletividade, bem como órgãos e entidades criados mais recentemente.

Trata-se das questões ligadas ao meio ambiente e à vigilância sanitária, decorrendo do exercício, nas três esferas governamentais, do poder de polícia administrativa, relativo à preservação, à proteção e ao controle da qualidade ambiental e sanitária.

Os procedimentos e práticas que decorrem do tratamento dessas questões são ainda bastante desconhecidos para grande parte dos envolvidos nesse processo, quer pertençam ao próprio setor público, quer façam parte do setor privado, alcançando, neste último, desde os próprios interessados em montar negócios às entidades e profissionais que os apóiam e assessoram.

Freqüentemente, esses procedimentos e práticas são percebidos como se constituíssem processos à parte, não ligados ao "nascimento" legal das empresas. Entretanto, as empresas, que estão legalmente sujeitas a eles, só podem realmente começar a funcionar, passando a gozar de "vida" legalizada, depois de percorrê-los com êxito. Logo, eles fazem parte da etapa de legalização de seu ciclo existencial.

A falta de conhecimento sobre esse segundo lado tem provocado muitos problemas para os que instalam negócios sem cumprir as exigências legais e procedimentos que o compõem. Esses problemas afetam especialmente as empresas de menor porte, cujos responsáveis nem sempre têm acesso a serviços de apoio e assessoramento mais especializados e de maior custo, nem folga de capital para enfrentar despesas imprevistas.

Muitas vezes, os responsáveis por micro e pequenas empresas, bem como seus assessores, não têm sequer noção de que a importância do impacto ambiental e das condições sanitárias depende mais da natureza das atividades exploradas do que do porte da empresa. Assim, só legalizam a micro ou a pequena empresa nos órgãos tradicionais.

Com isso, o interessado, só depois de assumir compromissos, como a assinatura de contratos de compra ou locação, de realizar obras e gastar seu capital, descobre que tem de fazer despesas novas porque não foram contempladas as condições previstas nas legislações sanitária e ambiental para a exploração daquele tipo de atividade (quanto ao imóvel, às instalações e aos equipamentos). É o caso, por exemplo, de um imóvel destinado a abrigar um açougue, que, embora todo reformado, não foi azulejado até o teto, como exige a legislação pertinente.

Por isso, é preciso que os próprios interessados procurem se informar sobre quais normas e exigências legais sanitárias e ambientais sua atividade deve cumprir, antes de assumir qualquer compromisso. Aqui, encontrarão um ponto de partida sobre o assunto.

QUE PROCEDIMENTOS INTEGRAM O LADO MAIS CONHECIDO DA LEGALIZAÇÃO?

Como veremos a seguir, são várias as esferas de governo e órgãos e entidades diferentes que intervêm na parte tradicional do processo de legalização do "nascimento" das empresas.

Logo, a burocracia não é pequena, embora as micro e pequenas empresas estejam obtendo relevantes benefícios e simplificações, e que já haja propostas e, também, algumas experiências concretas de tentar-se reunir, em um único lugar, órgãos intervenientes nesse processo.

Os diversos procedimentos que integram essa vertente do processo estão descritos resumidamente no quadro 1.

Vale a pena chamar a atenção para o fato de que o conceito de micro e pequenas empresas varia conforme

Quadro 1
RESUMO DOS PROCEDIMENTOS DE LEGALIZAÇÃO, POR ESFERA GOVERNAMENTAL E ÓRGÃO RESPONSÁVEL

Procedimento	Esfera de governo	Órgão responsável
Realização de consulta prévia	Municipal	Prefeitura do município
Realização de busca prévia do nome da empresa	Estadual	Junta Comercial do estado
Registro do contrato social	Estadual	Junta Comercial do estado
Inscrição no Cadastro Nacional de Pessoas Jurídicas (CNPJ)	Federal	Ministério da Fazenda
Obtenção do Laudo de Exigências e do Certificado de Aprovação	Estadual	Corpo de Bombeiros do estado
Inscrição na Fazenda Estadual	Estadual	Órgão da receita estadual
Inscrição no Instituto Nacional de Seguridade Social (INSS)	Federal	Instituto Nacional de Seguridade Social
Obtenção do Alvará de Localização e Funcionamento	Municipal	Prefeitura do município

a esfera de governo, como mostra o quadro 2, no qual se tomou o estado do Rio de Janeiro e o município de Nova Iguaçu como exemplos. Outros estados e municípios podem adotar conceitos diferentes, conforme a própria legislação.

Quadro 2
COMPARATIVO DO CONCEITO DE MICROEMPRESA E EMPRESA DE PEQUENO PORTE*

Porte	União	Estado do Rio de Janeiro	Município de Nova Iguaçu
Microempresa (ME)	Pessoa jurídica ou firma mercantil individual cuja receita bruta anual seja inferior ou igual a R$244 mil	Pessoa jurídica ou firma mercantil individual cuja receita bruta anual seja inferior ou igual a 309.858 Ufirs	Pessoa jurídica que obtiver faturamento anual de até R$120 mil e tiver a seu serviço pelo menos um empregado
Empresa de pequeno porte (EPP)	Pessoa jurídica ou firma mercantil individual cuja receita bruta anual seja superior a R$244 mil e inferior ou igual a R$1,2 milhão	Pessoa jurídica ou firma mercantil individual cuja receita bruta anual seja superior a 309.858 Ufirs e inferior ou igual a 1.228.250 Ufirs	Pessoa jurídica que obtiver faturamento anual a partir de R$120.000,01 e até o limite de R$1,2 milhão e tiver a seu serviço pelo menos dois empregados

* Valores vigentes em 2003.

Assim, cabe alertar: uma mesma empresa pode ser enquadrada em categorias diferentes em cada esfera de governo, fazendo ou não jus a tratamento diferenciado que cada qual prevê em relação aos assuntos de sua alçada.

Evidentemente, seria melhor que houvesse uma convergência de conceitos nessa área, de forma a reduzir as dificuldades burocráticas do processo, mas, por enquanto, isso não acontece.

Quer saber por quê?
- Pela autonomia de cada esfera de governo para legislar sobre assuntos que lhe competem.
- Pelas heterogeneidades socioeconômicas do país, dificultando tentativas de tratamento uniforme e padronizado. O que é pequeno em uma região ou local, pode ser grande em outra.
- Pelos conflitos políticos que costumam dificultar as articulações intergovernamentais.

É preciso ainda mais cuidado quando os conceitos são diferentes na mesma esfera de governo, e em normas que deveriam se complementar.

No âmbito federal existe uma falta de correspondência entre o que estabelece o Estatuto da Microempresa (ME) e Empresa de Pequeno Porte (EPP), com relação ao enquadramento como micro e pequena empresa, e o Simples, com relação ao tratamento tributário. O quadro 3 demonstra tal fato.

Apesar disso, pesquisa de campo realizada pelo Projeto de Desburocratização para Cidadania e Empresa em cinco municípios do estado do Rio de Janeiro constatou que a adesão e o apoio ao Simples são grandes, sempre que o enquadramento é possível. A maior demanda dos entrevistados foi aumentar seu alcance, principalmente para as MEs e EPPs que atuam na área de serviços.

Quadro 3
DIFERENÇAS DE ENQUADRAMENTO NA MESMA ESFERA DE GOVERNO

Porte	Enquadramento pelo estatuto	Enquadramento para o Simples
ME	Pessoa jurídica ou firma mercantil individual cuja receita bruta anual seja inferior ou igual a R$244 mil	Pessoa jurídica que tenha auferido, no ano calendário, receita bruta inferior ou igual a R$120 mil
EPP	Pessoa jurídica ou firma mercantil individual cuja receita bruta anual seja superior a R$244 mil e inferior ou igual a R$1,2 milhão	Pessoa jurídica que tenha auferido, no ano calendário, receita bruta superior a R$120 mil e igual ou inferior a R$720 mil

* Valores vigentes em 2003.

O QUE INTEGRA OS PROCEDIMENTOS NAS ÁREAS DE VIGILÂNCIA SANITÁRIA E DE MEIO AMBIENTE?

No lado menos conhecido da legalização do "nascimento" das empresas estão os procedimentos assinalados no quadro 4, que nem sempre são vistos como parte do mesmo processo, mas que deveriam ser assim considerados.

COMO SE PROCESSA O LICENCIAMENTO AMBIENTAL?

Estão sujeitas à licença ambiental, segundo resolução do Conselho Nacional de Meio Ambiente (Resolução Conama nº 237, de 1997), inúmeras atividades, organizadas em 23 setores, subdivididos, por sua vez, em vários tópicos (ver lista no anexo I). Muitas delas costumam ser exploradas por micro e pequenas empresas.

Quadro 4
PROCEDIMENTOS RELATIVOS ÀS QUESTÕES SANITÁRIA E AMBIENTAL

Procedimento	Esfera de governo	Órgão responsável
Concessão das licenças ambientais: prévia, de instalação e de operação*	Estadual e/ou municipal	Estadual e/ou municipal de meio ambiente
Concessão de licença sanitária	Estadual e/ou municipal	Estadual e/ou municipal de vigilância sanitária

* A *Licença Prévia* (LP) é feita na fase preliminar do planejamento do empreendimento ou atividade, aprovando sua localização e concepção, atestando a sua viabilidade ambiental e estabelecendo os requisitos básicos e condicionantes a serem atendidos nas próximas fases de sua implementação; a *Licença de Instalação* (LI) autoriza a instalação do empreendimento ou atividade de acordo com as especificações constantes dos planos, programas e projetos aprovados, incluindo as medidas de controle ambiental e demais condicionantes determinados para a instalação; a *Licença de Operação* (LO) autoriza a operação da atividade ou do empreendimento após a verificação do efetivo cumprimento do que consta das licenças anteriores, incluindo as medidas de controle ambiental e condicionantes determinados para a operação.

A competência pelo licenciamento ambiental cabe ao Ibama, nos seguintes casos de empreendimentos e atividades de significativo impacto ambiental, de âmbito nacional ou regional:
- localizados ou desenvolvidos conjuntamente no Brasil e em um país limítrofe, na plataforma continental, na zona econômica exclusiva, em terras indígenas ou em unidades de conservação do domínio da União;
- localizados ou desenvolvidos em dois ou mais estados;

- cujos impactos ambientais diretos ultrapassem os limites territoriais do país ou de um ou mais estados;
- destinados à pesquisa, lavra, produção, beneficiamento, transporte, armazenamento e disposição de material radioativo, em qualquer estágio, ou que utilizem energia nuclear em qualquer de suas formas e aplicações;
- bases ou empreendimentos militares, quando couber.

Conforme o caso, as demais atividades estão sujeitas ora ao licenciamento dos órgãos ambientais estaduais, ora ao dos municipais.

No Rio de Janeiro, por exemplo, o licenciamento ambiental está centralizado no governo estadual, sendo suas atividades técnicas atribuídas à Fundação Estadual de Engenharia do Meio Ambiente (Feema). Entretanto, há em curso, no país, um movimento para a transferência aos municípios do licenciamento das atividades de impacto ambiental local.

Como se processa o licenciamento sanitário?

A vigilância sanitária faz parte do conjunto das ações e serviços de saúde que constituem o SUS.

Estão sujeitos às normas e ao licenciamento da vigilância sanitária os bens, produtos e serviços que possam implicar riscos à saúde pública e os estabelecimentos que lidam com eles.

A legislação que criou o Sistema Nacional de Meio Ambiente e a Agência Nacional de Vigilância Sanitária

(Anvisa), Lei nº 9.782, de 26 de janeiro de 1999, dá especial destaque aos bens, produtos e serviços listados no anexo II.

Além dos bens, produtos e serviços mencionados, a legislação estabelece que estão sujeitos ao regime de vigilância sanitária as instalações físicas, os equipamentos, as tecnologias, os ambientes e os procedimentos envolvidos em seu processo de produção, incluindo a destinação de resíduos.

Tanto o nível de governo quanto a entidade ou órgão encarregado dos procedimentos de vigilância sanitária, em cada caso, poderão variar, conforme o nível de habilitação do estado e do município no SUS e o pacto firmado entre eles, em função da implantação do plano de regionalização da saúde pública.

No estado do Rio de Janeiro, por exemplo, as ações de vigilância sanitária relativas a alimentos estão sob a responsabilidade dos municípios. Além disso, atualmente, o estado está em processo de preparação (análise de requisitos e capacitação) para delegar ações de vigilância sanitária de estabelecimentos de interesse da saúde a 21 municípios fluminenses, entre os quais Nova Iguaçu, Macaé e Resende, que se encontram em estágio mais adiantado.

Tais ações dizem respeito à concessão, revalidação e cassação da licença de funcionamento e à fiscalização dos seguintes tipos de estabelecimentos sujeitos à vigilância sanitária:
- comércio farmacêutico;
- serviços médicos, clínicas e ambulatórios;
- serviços ou clínicas odontológicas;

- estabelecimentos de prótese dentária;
- gabinetes de psicologia;
- estabelecimentos comerciais de ótica;
- serviços de radiodiagnóstico odontológico;
- estabelecimentos médico-veterinários;
- gabinetes de massagem;
- gabinetes de pedicuro;
- gabinetes de fonoaudiologia;
- estabelecimentos de fisioterapia e/ou praxioterapia;
- estabelecimentos de comércio de aparelhagem ortopédica;
- estabelecimentos de comércio de aparelhos ou produtos usados em medicina, odontologia, enfermagem e atividades afins;
- institutos de estética e congêneres;
- institutos de beleza e estabelecimentos congêneres;
- veículos de transporte de pacientes.

PARTE IV

A INTERVENÇÃO DO MUNICÍPIO NO PROCESSO DE LEGALIZAÇÃO DO SURGIMENTO DOS MICRO E PEQUENOS NEGÓCIOS

O município, representado por sua prefeitura na relação com o interessado para efeitos dessa legalização, pode e deve exercer um papel estratégico para apoiar a micro e a pequena empresa nessa fase de seu ciclo existencial, principalmente porque:
- é a instância de governo mais próxima e mais acessível à população, devendo funcionar como "a porta de entrada e de saída" do processo de legalização; por isso, pode informar sobre as fases posteriores do processo, bem como sobre os demais órgãos e entidades que dele participam e seu papel;
- exerce a parte mais importante das funções que integram o processo de legalização do "nascimento" de uma micro ou pequena empresa — a da consulta prévia e da concessão do Alvará de Licença de Localização e Funcionamento de Atividades Econômicas;

- tende a reunir, através de parcerias com outras esferas de governo e seus órgãos e entidades, no seu território, no âmbito da prefeitura ou em instalações municipais, pelo menos algumas das outras etapas do processo de legalização do "nascimento" das empresas; vários são os movimentos nessa direção, com grande potencial de simplificar, agilizar e reduzir os custos dessa legalização (por exemplo: transferência progressiva para os municípios de muitas etapas do processo, principalmente nas áreas ambiental e de vigilância sanitária; descentralização territorial de órgãos e entidades das administrações estaduais e federal, através da instalação de agências locais com poder de ação e decisão; e integração física local dos órgãos e entidades das três esferas de governo envolvidos no processo, através de iniciativas como as centrais de atendimento);

- é o maior interessado no desenvolvimento da economia local, em especial na geração de novos empreendimentos, empregos, postos de trabalho e fontes de renda no município;

- sofre, diretamente em seu próprio território, as conseqüências desastrosas, tanto da estagnação e do declínio da economia local, quanto de um processo equivocado, desequilibrado e desordenado de crescimento econômico municipal; por isso, é o principal interessado em evitar esses fenômenos;

- constitui a "linha de frente" para fazer face aos problemas decorrentes dos fenômenos mencionados no item anterior (pobreza, desemprego, poluição, desordem, insegurança etc.);

- pode dispor e fornecer outras informações indispensáveis ao êxito do negócio, como as relativas a aspectos positivos e negativos de explorar determinado ramo de atividade (as potencialidades, as restrições e os riscos); habilidades, conhecimentos e recursos que exige; características do mercado em que irá atuar (de matéria-prima, de fornecedores, de mão-de-obra, de consumidores, de concorrentes, de tecnologia etc.); infra-estrutura de serviços públicos necessária e a existente no local;
- desenvolve diretamente programas de apoio aos interessados em montar micro e pequenos negócios, como os de capacitação, informação e microcrédito, ou conhece outros órgãos que o fazem e se encarrega do encaminhamento dos interessados.

Portanto, a prefeitura pode e deve ser a principal fonte de informações e conhecimentos para o interessado em "dar à luz" um negócio.

Os procedimentos-chave da legalização do "nascimento" de micro e pequenas empresas são a consulta prévia e a licença de localização e funcionamento, que devem ser vistos como etapas intercomplementares.

Como ocorre com relação aos procedimentos a cargo das outras esferas de governo, no âmbito municipal costuma existir, também, muita burocracia. Só que, neste caso, existe maior facilidade para os cidadãos se mobilizarem para que tais procedimentos sejam simplificados, agilizados e tenham seus custos reduzidos.

Afinal, estão cumprindo seus deveres de cidadania ao buscar a legalização, cabendo ao Estado garantir-lhes o atendimento adequado.

O QUE É A CONSULTA PRÉVIA?

É o procedimento da prefeitura, ainda durante a fase de escolha e planejamento do negócio, com finalidades preventivas, orientadoras e informativas.

A inclusão desse procedimento no processo de legalização do "nascimento" das empresas depende de cada município, que pode:
- instituí-lo, de forma obrigatória ou voluntária;
- não instituí-lo.

Também a forma de realizá-lo pode diferir conforme o município:
- mais informal e pessoal;
- mais formal e por escrito.

O tempo de demora dessa consulta varia muito: desde atendimento imediato, até várias semanas.

Por sua vez, as exigências documentais para o requerimento dessa consulta também diferem conforme o município. Uns exigem uma grande quantidade de documentos; outros, apenas um formulário preenchido com as informações necessárias; outros, ainda, nem isso, bastando as informações prestadas verbalmente pelo interessado.

O produto final pode também ser variado: de simples orientação verbal até uma certidão oficial.

Há municípios que cobram uma taxa de expediente, outros não cobram nada, outros ainda cobram taxa específica. Existem até os que cobram mais de uma taxa: geralmente a de expediente e a específica. E os valores das taxas também são diferenciados, conforme o caso.

É preciso, portanto, que o interessado procure a prefeitura. Muitas delas já mantêm sites na internet que contêm informações sobre o assunto. Vale a pena pesquisá-los.

Diante dessa variedade de procedimentos, vamos ter, então, de falar sobre o que achamos correto, a partir da razão de existir da consulta prévia.

Por que e para que se instituir a consulta prévia?

- Para defender o interesse público, o bem-estar, a qualidade de vida e a saúde da população.
- Para prevenir que, inadvertidamente, o cidadão interessado em montar um negócio incorra em enganos e prejuízos, por não saber se tem condições para:
  - instalar seu negócio em determinada zona do município ou determinado imóvel, de acordo com as normas legais municipais de zoneamento, uso e ocupação de solo, de posturas, de obras e edificações, ambientais e sanitárias;
  - cumprir as exigências legais, porventura baixadas pela legislação pertinente, para a exploração da atividade, como obras, instalações e equipamentos necessários.
- Para prevenir a necessidade de o município ter de usar suas faculdades e prerrogativas para enfrentar

os problemas causados pelos infratores de sua legislação, aumentando assim sua carga de trabalho e custos, em áreas como a de fiscalização e a jurídica.

Para tanto, a consulta prévia tem de:
- adotar, no máximo, uma única exigência documental — o preenchimento de um formulário próprio, com as informações sobre a atividade a ser desenvolvida e o endereço cogitado para abrigá-la, além dos dados sobre o cidadão interessado;
- ser prévia mesmo, ou seja, realizada antes que o interessado tome a decisão final sobre o negócio, assuma qualquer compromisso ou realize despesas;
- ser obrigatória, para forçar todos os futuros negociantes a receber orientação prévia;
- ser gratuita, para estimular a procura pelo serviço; deve ser ainda amplamente divulgada, para que todos sejam informados de sua existência, finalidade, obrigatoriedade e vantagens;
- englobar análises e/ou pareceres técnico-jurídicos, baseados na legislação municipal sobre zoneamento, uso e ocupação do solo, obras e edificações, posturas municipais, meio ambiente e vigilância sanitária;
- orientar os interessados quanto aos demais procedimentos de legalização do "nascimento" das micro e pequenas empresas a cargo das outras esferas de governo;
- orientar os interessados sobre outras exigências, restrições e condições que a legislação impõe para a exploração da atividade;

- ficar a cargo de um grupo experiente de técnicos multidisciplinares, que entendam sobre os vários assuntos envolvidos e trabalhem reunidos no mesmo local e de forma integrada;
- prever e usar, de acordo com as necessidades, dois esquemas de atendimento, um interpessoal e outro formal, por escrito, resultando, este último, na emissão de uma certidão de compatibilidade da atividade com a legislação municipal.

O QUE É O ALVARÁ DE LICENÇA DE LOCALIZAÇÃO E FUNCIONAMENTO?

É o documento fornecido pela prefeitura que permite que uma atividade econômica esteja sediada e funcione em um determinado local. Trata-se, portanto, do produto final da etapa do processo de legalização do "nascimento" da micro e pequena empresa.

O procedimento varia muito, pois depende de cada município. Tais variações atingem, por exemplo:
- o número e o tipo de exigências documentais; na pesquisa realizada pelo Projeto de Desburocratização para Cidadania e Empresa, esse número variava muito, não havendo nenhuma exigência que fosse requerida por todos os cinco municípios; as mais freqüentes eram formulário-padrão de requerimento preenchido, contrato de locação ou título de propriedade, certificado de aprovação do Corpo de Bombeiros, contrato social registrado na Junta Comercial do estado e registro no CNPJ;

- o valor e a quantidade das taxas incidentes — de apenas a taxa específica até várias outras;
- a duração do procedimento;
- a inclusão ou não de medidas interligadas, dentro do mesmo procedimento, como a inscrição do imóvel ou alteração de seu uso no cadastro imobiliário fiscal da prefeitura, que fundamenta a cobrança do Imposto Predial e Territorial Urbano (IPTU — por exemplo, de uso residencial para uso misto ou comercial), bem como no cadastro de atividades econômicas do município, que fundamenta a cobrança do imposto sobre serviços (ISS);
- a inclusão ou não de outros procedimentos porventura a cargo do município, relativos à legalização do "nascimento" da micro e pequena empresa — licenciamentos ambiental e sanitário.

Portanto, *o interessado em montar um negócio no município deve procurar os meios de informações existentes: site da prefeitura, cartilhas, folhetos e outras publicações.*

Uma coisa, no entanto, tem de ser comum a todos os municípios: se a consulta prévia visa a orientação e informação sobre as exigências, condições, restrições e proibições legais para a instalação de uma determinada atividade em certo local e endereço, o licenciamento para localização e funcionamento deve ser uma etapa de verificação do cumprimento daquilo que determina a legislação.

Portanto, ambas as etapas deveriam estar articuladas, mas não é o que ocorre na prática. Com isso, muitas vezes, a prefeitura solicita ao cidadão documentos que já havia exigido por ocasião da consulta prévia, o que gera uma burocracia sem sentido.

As prefeituras devem realizar nesta etapa, portanto, as inspeções, vistorias, fiscalizações e análises técnicas no local, para garantir que a atividade não prejudicará o interesse público, o bem-estar e a qualidade de vida da comunidade. Daí ser um procedimento mais demorado que a consulta prévia.

Em função dessa demora, muitas prefeituras, antes de entregar o alvará de licença definitivo, com base em uma declaração do cidadão de que conhece e cumpriu, sob as penas da lei, todas as exigências, condições, restrições e proibições previstas na legislação (que devem lhe ter sido informadas na consulta prévia), concedem um alvará provisório, com um período de validade. Assim, o cidadão não precisa ficar esperando até que se concluam as inspeções, vistorias, fiscalizações e análise técnicas no local para seu negócio começar a funcionar, imediatamente.

O alvará provisório pode ser suspenso a qualquer momento pela prefeitura se constatar irregularidades ou se as pendências a cargo do interessado não forem cumpridas no prazo previsto.

Apesar da variedade de procedimentos, alguns comentários podem ser feitos, de modo geral, sobre comportamentos que a prefeitura deve adotar nesta etapa, para não gerar burocracia inútil para o cidadão:
- não deve transferir para o cidadão responsabilidades que lhe cabem ou inverter o ônus da prova (por

exemplo, é absurdo que exija a apresentação dos carnês quitados do IPTU, já que é a responsável pelo controle de sua arrecadação);
- não deve exigir autenticação, nem reconhecimento de firmas das cópias de documentos; o próprio funcionário municipal encarregado do atendimento deve fazer o cotejo com os documentos originais e atestar a autenticidade da cópia;
- não deve assumir encargos de controle que estejam sob a responsabilidade legal de outras esferas de governo, entidades ou órgãos, a não ser que isso seja resultado de uma parceria ou convênio para desburocratizar, para o cidadão, o processo de legalização do "nascimento" da empresa, pois de outra forma estaria impondo ônus duplicado ao mesmo (por exemplo, não deve exigir que o cidadão apresente a inscrição em conselhos profissionais de classe, já que cabe, legalmente, a tais órgãos fiscalizar o exercício das profissões);
- deve fundir em uma só taxa, cujo valor seja compatível com as condições socioeconômicas de um interessado em explorar um micro ou pequeno negócio, as várias taxas comumente incidentes sobre um mesmo fato — a legalização do "nascimento" das empresas —, como taxas de expediente, de licença de localização e funcionamento, sanitária e ambiental;
- deve reunir todos os procedimentos relacionados à legalização em um só processo, evitando que o cidadão tenha de dar entrada em vários processos diferentes;

- não precisa fazer, de novo, exigências já cumpridas em outras etapas do processo; atualmente, é comum que os vários órgãos e entidades das três esferas de governo envolvidos no processo de legalização do "nascimento" das empresas façam exigências repetidas; demandam muitos documentos já apresentados pelo cidadão em fases anteriores do processo e, ainda, o comprovante do cumprimento de tais fases; ora, esse comprovante deveria bastar; assim, não faz sentido que a prefeitura solicite cópia do contrato social registrado na Junta Comercial do estado e, também, os mesmos documentos lá exigidos para a obtenção desse registro.

Como deve ser o atendimento do cidadão que quer formalizar seu negócio na prefeitura?

Não se pode encerrar esta publicação sem prestar uma última homenagem ao mentor da desburocratização no Brasil, Helio Beltrão, mostrando como continuam atuais as suas propostas, com a ressalva de que hoje há recursos tecnológicos que não existiam em seu tempo, para melhorar o atendimento ao público.

Sem dúvida, o uso adequado dos recursos da internet se destaca nesse aspecto, por permitir a interação entre o órgão público e o cidadão, para se realizar, a distância, uma série de operações, inclusive obter informações sobre procedimentos, acompanhar processos, fazer queixas e denúncias às ouvidorias municipais e até realizar a consulta prévia.

Entretanto, a internet não é acessível a todos, já que a aquisição e o uso do computador não estão ao alcance da grande maioria da população. Por isso, é importante que as prefeituras instalem terminais em pontos estratégicos de seu território para uso público e que informatizem seus procedimentos, tendo em vista melhorar o atendimento ao cidadão. Além disso é conveniente que promovam o que se tem denominado inclusão ou "alfabetização" digital.

ANEXO 1

ATIVIDADES OU EMPREENDIMENTOS SUJEITOS AO LICENCIAMENTO AMBIENTAL

EXTRAÇÃO E TRATAMENTO DE MINERAIS

- Pesquisa mineral com guia de utilização.
- Lavra a céu aberto, inclusive de aluvião, com ou sem beneficiamento.
- Lavra subterrânea com ou sem beneficiamento.
- Lavra garimpeira.
- Perfuração de poços e produção de petróleo e gás natural.

INDÚSTRIA DE PRODUTOS MINERAIS NÃO-METÁLICOS

- Beneficiamento de minerais não-metálicos, não associados à extração.
- Fabricação e elaboração de produtos minerais não-metálicos, tais como produção de material cerâmico, cimento, gesso, amianto e vidro.

INDÚSTRIA METALÚRGICA

- Fabricação de aço e de produtos siderúrgicos.
- Produção de fundidos de ferro e aço/forjados/arames/relaminados com ou sem tratamento de superfície, inclusive galvanoplastia.
- Metalurgia dos metais não-ferrosos, em formas primárias e secundárias, inclusive ouro.
- Produção de laminados/ligas/artefatos de metais não-ferrosos com ou sem tratamento de superfície, inclusive galvanoplastia.
- Relaminação de metais não-ferrosos, inclusive ligas.
- Produção de soldas e anodos.
- Metalurgia de metais preciosos.
- Metalurgia do pó, inclusive peças moldadas.
- Fabricação de estruturas metálicas com ou sem tratamento de superfície, inclusive galvanoplastia.
- Fabricação de artefatos de ferro/aço e de metais não-ferrosos com ou sem tratamento de superfície, inclusive galvanoplastia.
- Têmpera e cementação de aço, recozimento de arames, tratamento de superfície.

INDÚSTRIA MECÂNICA

- Fabricação de máquinas, aparelhos, peças, utensílios e acessórios com e sem tratamento térmico e/ou de superfície.

Indústria de Material Elétrico, Eletrônico e Comunicações

- Fabricação de pilhas, baterias e outros acumuladores.
- Fabricação de material elétrico, eletrônico e equipamentos para telecomunicação e informática.
- Fabricação de aparelhos elétricos e eletrodomésticos.

Indústria de Material de Transporte

- Fabricação e montagem de veículos rodoviários e ferroviários, peças e acessórios.
- Fabricação e montagem de aeronaves.
- Fabricação e reparo de embarcações e estruturas flutuantes.

Indústria de Madeira

- Serraria e desdobramento de madeira.
- Preservação de madeira.
- Fabricação de chapas e placas de madeira aglomerada, prensada e compensada.
- Fabricação de estruturas de madeira e de móveis.

Indústria de Papel e Celulose

- Fabricação de celulose e pasta mecânica.
- Fabricação de papel e papelão.
- Fabricação de artefatos de papel, papelão, cartolina, cartão e fibra prensada.

INDÚSTRIA DE BORRACHA

- Beneficiamento de borracha natural.
- Fabricação de câmara-de-ar e fabricação e recondicionamento de pneumáticos.
- Fabricação de laminados e fios de borracha.
- Fabricação de espuma de borracha e de artefatos de espuma de borracha, inclusive látex.

INDÚSTRIA DE COUROS E PELES

- Secagem e salga de couros e peles.
- Curtimento e outras preparações de couros e peles.
- Fabricação de artefatos diversos de couros e peles.
- Fabricação de cola animal.

INDÚSTRIA QUÍMICA

- Produção de substâncias e fabricação de produtos químicos.
- Fabricação de produtos derivados do processamento de petróleo, de rochas betuminosas e da madeira.
- Fabricação de combustíveis não derivados de petróleo.
- Produção de óleos/gorduras/ceras vegetais-animais/óleos essenciais vegetais e outros produtos da destilação da madeira.
- Fabricação de resinas e de fibras e fios artificiais e sintéticos e de borracha e látex sintéticos.
- Fabricação de pólvora/explosivos/detonantes/munição para caça-desporto, fósforo de segurança e artigos pirotécnicos.

- Recuperação e refino de solventes, óleos minerais, vegetais e animais.
- Fabricação de concentrados aromáticos naturais, artificiais e sintéticos.
- Fabricação de preparados para limpeza e polimento, desinfetantes, inseticidas, germicidas e fungicidas.
- Fabricação de tintas, esmaltes, lacas, vernizes, impermeabilizantes, solventes e secantes.
- Fabricação de fertilizantes e agroquímicos.
- Fabricação de produtos farmacêuticos e veterinários.
- Fabricação de sabões, detergentes e velas.
- Fabricação de perfumarias e cosméticos.
- Produção de álcool etílico, metanol e similares.

INDÚSTRIA DE PRODUTOS DE MATÉRIA PLÁSTICA

- Fabricação de laminados plásticos.
- Fabricação de artefatos de material plástico.

INDÚSTRIA TÊXTIL, DE VESTUÁRIO, CALÇADOS E ARTEFATOS DE TECIDOS

- Beneficiamento de fibras têxteis, vegetais, de origem animal e sintéticas.
- Fabricação e acabamento de fios e tecidos.
- Tingimento, estamparia e outros acabamentos em peças do vestuário e artigos diversos de tecidos.
- Fabricação de calçados e componentes para calçados.

INDÚSTRIA DE PRODUTOS ALIMENTARES E BEBIDAS

- Beneficiamento, moagem, torrefação e fabricação de produtos alimentares.
- Matadouros, abatedouros, frigoríficos, charqueadas e derivados de origem animal.
- Fabricação de conservas.
- Preparação de pescados e fabricação de conservas de pescados.
- Preparação, beneficiamento e industrialização de leite e derivados.
- Fabricação e refinação de açúcar.
- Refino/preparação de óleo e gorduras vegetais.
- Produção de manteiga, cacau e gorduras de origem animal para alimentação.
- Fabricação de fermentos e leveduras.
- Fabricação de rações balanceadas e de alimentos preparados para animais.
- Fabricação de vinhos e vinagre.
- Fabricação de cervejas, chopes e maltes.
- Fabricação de bebidas não-alcoólicas, bem como engarrafamento e gaseificação de águas minerais.
- Fabricação de bebidas alcoólicas.

INDÚSTRIA DE FUMO

- Fabricação de cigarros/charutos/cigarrilhas e outras atividades de beneficiamento do fumo.

INDÚSTRIAS DIVERSAS

- Usinas de produção de concreto.
- Usinas de asfalto.
- Serviços de galvanoplastia.

OBRAS CIVIS

- Rodovias, ferrovias, hidrovias, metropolitanos.
- Barragens e diques.
- Canais para drenagem.
- Retificação de cursos d'água.
- Abertura de barras, embocaduras e canais.
- Transposição de bacias hidrográficas.
- Outras obras-de-arte.

SERVIÇOS DE UTILIDADE

- Produção de energia termelétrica.
- Transmissão de energia elétrica.
- Estações de tratamento de água.
- Interceptores, emissários, estação elevatória e tratamento de esgoto sanitário.
- Tratamento e destinação de resíduos industriais (líquidos e sólidos).
- Tratamento/disposição de resíduos especiais, tais como de agroquímicos e suas embalagens usadas e de serviço de saúde.
- Tratamento e destinação de resíduos sólidos urbanos, inclusive aqueles provenientes de fossas.

- Dragagem e derrocamentos em corpos d'água.
- Recuperação de áreas contaminadas ou degradadas.

TRANSPORTE, TERMINAIS E DEPÓSITOS

- Transporte de cargas perigosas.
- Transporte por dutos.
- Marinas, portos e aeroportos.
- Terminais de minério, petróleo e derivados e produtos químicos.
- Depósitos de produtos químicos e produtos perigosos.

TURISMO

- Complexos turísticos e de lazer, inclusive parques temáticos e autódromos.

ATIVIDADES DIVERSAS

- Parcelamento do solo.
- Distrito e pólo industrial.

ATIVIDADES AGROPECUÁRIAS

- Projetos agrícolas.
- Criação de animais.
- Projetos de assentamentos e de colonização.

USO DE RECURSOS NATURAIS

- Silvicultura.

- Exploração econômica da madeira ou lenha e subprodutos florestais.
- Atividade de manejo de fauna exótica e criadouro de fauna silvestre.
- Utilização do patrimônio genético natural.
- Manejo de recursos aquáticos vivos.
- Introdução de espécies exóticas e/ou geneticamente modificadas.
- Uso da diversidade biológica pela biotecnologia.

ANEXO II

BENS, PRODUTOS E SERVIÇOS

BENS E PRODUTOS

- Medicamentos de uso humano, suas substâncias ativas e demais insumos, processos e tecnologias.
- Alimentos, inclusive bebidas, águas envasadas, seus insumos, suas embalagens, aditivos alimentares, limites de contaminantes orgânicos, resíduos de agrotóxicos e de medicamentos veterinários.
- Cosméticos, produtos de higiene pessoal e perfumes.
- Saneantes destinados à higienização, desinfecção ou desinfestação em ambientes domiciliares, hospitalares e coletivos.
- Conjuntos, reagentes e insumos destinados a diagnóstico.
- Equipamentos e materiais médico-hospitalares, odontológicos e hemoterápicos, e de diagnóstico laboratorial e por imagem.

- Imunobiológicos e suas substâncias ativas, sangue e hemoderivados.
- Órgãos, tecidos humanos e veterinários para uso em transplantes ou reconstituições.
- Radioisótopos para uso diagnóstico *in vivo* e radiofármacos e produtos radioativos utilizados em diagnóstico e terapia.
- Cigarros, cigarrilhas, charutos e qualquer produto fumígero, derivado ou não do tabaco.
- Quaisquer produtos que envolvam a possibilidade de risco à saúde, obtidos por engenharia genética, por outro procedimento ou ainda submetidos a fontes de radiação.

Serviços

- Voltados para a atenção ambulatorial, de rotina ou de emergência.
- Realizados em regime de internação.
- De apoio diagnóstico e terapêutico.
- Que impliquem a incorporação de novas tecnologias.

Esta obra foi impressa pela
Markgraph Gráfica e Editora Ltda. em papel off set
Chambril Book para a Editora FGV
em julho de 2004.